Ik kan

Erik van Os en E

tekeningen van Mark Janssen

Zwijsen

Ik ben Guus.
Kijk maar met me mee!

Pam balt

Komt dat zien!
Komt dat zien!
Pam balt
met een bal of tien.
Eén bal in de lucht
twee op haar kop
drie op haar knie.
Hop hop hop
en nog een bal.
Ze vangt ze op.
Nog maar een keer.
Daar gaan ze weer.
Pam bukt zich vlug.
Een bal stuit
drie keer op haar rug
twee keer op haar been
één keer op haar teen.
Nóg een bal.
En nóg maar een.
Het zijn er wel tien.
Komt dat zien!
Komt dat zien!

Stan en het lied van de man

Het is stil in de zaal.
Je ziet niks.
Maar dan …
Er gaat een licht aan.
Stan komt op.
Hij gaat er eens goed voor staan.
Dan zingt hij zijn lied.

Er was een man
die voer op zee.
Jaar in, jaar uit
de tijd voer mee.

En op een dag
was daar een fee.
Hij zei: 'Mijn lief,
ik neem je mee.'
'Och manlief, manlief,'
zei de fee.
'Ik mag niet,
kan niet met je mee.
Maar kus me, manlief,
kus me maar.
Kus me drie maal
op mijn haar.'

Dat deed de man.
Woest was de zee.
De zee nam de boot
en de man moest mee,
al met zijn lief,
al met zijn fee.

En de man heeft haar lief
in het hart van de zee.

De zaal is stil.
Je ziet het voor je.
Je ruikt de zee.
Je bent die man.
Je bent die fee.
De zaal zucht.
Stan buigt.
De zaal gaat staan.
Wat een lied!
Knap van Stan!
Daar krijg je het warm van!

Fleur en haar koe

Daar zijn Fleur en haar koe.
Fleur temt haar.
Echt waar!

De koe doet een dans.
En hoe!
Ze gaat op één poot staan.
Nou moe!
En dat voor een koe!

De zaal gaat uit zijn dak!
'Wat knap!' zegt men.
'Gaaf!'
'Vet, man!'
'Die Fleur!
Die kan er wat van!
En wat knap van die koe.
Doe nog eens een keer!'
Maar de koe doet niks meer.
De koe zegt: 'Boe!'

Boer Jop en heks Kim

Jop speelt een boer.
En Kim is de heks.

boer Jop:
Wat moet jij in mijn wei?

heks Kim:
Ik zoek een pad.
Een pad is lief.
Ik wil er een als huisdier.

boer Jop:
Dat zal wel.
Jij maakt er soep van.
Met gif er in!

heks Kim:
Ik?
Ik niet hoor.
Een pad is lief.
Hij mag bij mij in bed.
En … ik eet geen vlees.
Ik eet geen dier.
Een dier is lief.

boer Jop:
Jij wel, jij!
Jij eet nog wel boer als het moet.
Weg jij!
Weg uit mijn wei!

De boer geeft de heks een mep.
Nou huilt de heks.
De boer lacht haar uit.
Dan is de heks boos.

heks Kim:
Hoo kus poo kus pief.
En nou doe je lief.
Hoo kus poo kus kat.
Ik maak van jou een pad.

Een knal!
Veel rook!
Dan is de boer weg.
Op de vloer zit een pad.
De heks tilt hem op.
Ze geeft hem een kus.

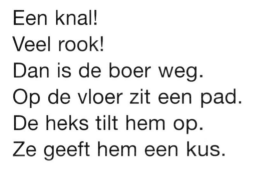

heks Kim:
Nou heb ik een huisdier!
Kom maar, pad.
Wat ben je toch lief.
Je bent een schat.

Jet kent een mop

Jet komt op.
Ze kent een mop.

Er is een oen.
Die koopt een taart.
De man in de zaak zegt:
'Hier is je taart.
Ik snij hem wel voor jou.'
'Dat is fijn,' zegt de oen.
'Hoe zal ik het doen?' zegt de man.
'Wil je zes keer een stuk?
Of wil je tien keer een stuk?'
Hij laat het zien met zijn mes.
'Poe, poe,' zegt de oen.
'Doe maar zes.
Zes keer taart, dat kan nog wel.
Maar tien keer een stuk taart?
Dat kan ik niet op!
Dat is veel te veel voor mij.'

Jan laat zien wat hij kan

En daar is Jan.
Kijk, wat hij kan!
Wat doet hij gek.
Wat kan hij veel.
Met zijn tong raakt hij zijn neus.
En kijk!
Nou kijkt hij scheel.
Moet je zijn oorlel zien!
Die gaat op en neer.
En Jan kan nog meer.

Hij legt zijn voet in zijn nek.
Dat is leuk.
Dat is gek.
Maar dan …
'Au!' zegt Jan.
'Au, au!'
En nou?
Nou moet die voet weer uit zijn nek.
Dat valt niet mee.
Aa, dat doet zeer!
Hij hoort: 'Kom op, Jan!
Nog een keer!'
Jan is wel gek.
Hij kan heel veel.
Maar dit?
Dit doet hij echt niet meer.

Nik met een hoed

Nik heeft een net pak aan.
Hij heeft ook een hoed op.
Je hoort een trom.
Nik zet zijn hoed af.
Hij keert hem om.
Hij toont de hoed aan de zaal.
Leeg!
Dan doet hij een zakdoek in zijn hoed.
Een kaart komt er uit!
Nou de kaart weer in de hoed.
Een duif komt er uit.
Wat goed!
De duif moet er weer in.
Maar de duif heeft geen zin.
Ze hupt de zaal in.
Dit gaat niet goed.
'Hup duif,' roept de zaal.
'Hop, in de hoed!'
Maar de duif hupt door het raam.
Weg is de duif.
Ze laat zich niet meer zien.
'Oooo!' roept de zaal.

Maar dan pakt Nik zijn hoed.
Hij laat hem aan de zaal zien.
Leeg!
Je hoort een trom.
Je hoort een fluit.
Nik keert de hoed om.
En … de duif komt er uit.
Uit de hoed!
Hoe kan dat nou?
Wauw!
Wat goed!

De dans van Hans

'Ik ben Hans.
Ik rijm en dans.'

Een twee, een twee
pak een pan
en doe maar mee.
Vier vijf zes, pak een mes.
Tik maar, doe maar
wat je kan
met je mes en met je pan.
Rom bom bom
de pan is een trom.
Tik tak tok
het mes is een stok.
Een twee, een twee
zing maar mee.
Aj fiel de biet.
Aj fiel de biet.
Zes vijf vier
tik daar, tik hier.
Zes vijf vier en drie twee een.

Fiel de biet
van top tot teen!

En ik?

En nou ik.
Ik weet niet wat ik moet.
Ik kan niks.
Echt niet!
Ik zit maar wat.
Ik kuch eens.
Poe, poe!
Daar krijg je het heet van.
'Doe eens wat!' roept de zaal.
Ik zeg: 'Maar ik kan niks.
Ik weet niet wat ik moet.
Ik zing vals.
Ik heb geen duif.
Niet eens een hoed.'

Ik loop wat heen en weer.
'Ik kan niks,' zeg ik nog een keer.
De zaal lacht.
'Echt niet!' zeg ik.
'Ik geef het op.
Ik kan geen bal.
Ik ken niet eens een mop.
En …
En de biet?
Die fiel ik niet!
Dit is niks voor mij.'
Maar …
De zaal komt niet meer bij.

Ik kan niks.
Maar de zaal ligt plat.
Leuk is dat!

Serie 8 • bij kern 8 van Veilig leren lezen

Joes wil een poes

Vivian den Hollander en Juliette de Wit

Een beer op school

Truus van de Waarsenburg en Camila Fialkowski

Komt Tes op tijd?

Annemarie Bon en Tineke Meirink

De dag dat Zil kwam

Rindert Kromhout en Jan Jutte

Lam doet niet meer mee

Ben Kuipers en Ingrid Godon

Taart!

Jaap de Vries

Ik kan niks

Erik van Os & Elle van Lieshout en Mark Janssen

Wat proef je, Kaat?

Dirk Nielandt en An Candaele

NEDERLANDSE
KINDERJURY
2005

ISBN 90.276.7834.0
NUR 287

Vormgeving: Rob Galema

1e druk 2004

© 2004 Tekst: Erik van Os en Elle van Lieshout
Illustraties: Mark Janssen
Uitgeverij Zwijsen B.V. Tilburg

Voor België:
Zwijsen-Infoboek, Meerhout
D/2004/1919/551